Vorwort

Dieses Buch richtet sich an alle Fußballverrückten und die, die es noch werden wollen.

Wenn du von Wochenende zu Wochenende mit deiner Mannschaft mitfieberst, bei großen Turnieren gar nicht genug von den Spielen bekommen kannst oder dir die Zeit zwischen zwei Spielen immer viel zu lange vorkommt, dann ist dieses Buch genau das Richtige für dich.

Staune über unglaubliche Fakten und spannende Statistiken, lache über die witzigsten Zitate von berühmten Fußballern und Trainern und lass dich von den kuriosen und außergewöhnlichen Storys rund um das schönste Spiel der Welt begeistern.

Wusstest du, dass über die Hälfte aller Fußbälle in einem Land produziert werden? Wolltest du immer mal wissen, welche legendären Spiele in der Vergangenheit stattgefunden haben? Oder welche unglaublichen Rekorde der Japaner Masashi Nakayama erreicht hat?

Mit diesen und vielen weiteren Fakten, lustigen Zitaten und einem Fußball-Quiz, bei dem dein Wissen und Kreativität im Vordergrund stehen, kümmern wir uns ganz um König Fußball.

Wer schoss die meisten Tore der Bundesliga-Geschichte? Wer absolvierte die meisten Spiele? Und was hat es eigentlich mit dem Spitznamen der finnischen Nationalmannschaft auf sich?

Das alles und noch viel mehr findest du in diesem Buch. Viel Spaß beim Schmökern, Staunen und Nachschlagen!

Übrigens: Wenn nach diesem Buch immer noch nicht genug haben solltest, kannst du dir viele der vorgestellten Spiele auch auf YouTube ansehen oder dich durch die Websites des DFB und der Bundesliga klicken.

Fakten, Kuriositäten, Anekdoten

1. Als Wolf-Dieter Ahlenfelder im Jahr 1975 im Spiel zwischen Hannover 96 und Werder Bremen zur Halbzeit pfeift, herrscht auf den Tribünen Fassungslosigkeit. Es sind erst 32 Minuten gespielt. Der von den Spielern bedrängte Schiedsrichter lässt sich dazu überreden, noch einmal anzupfeifen, bevor 90 Sekunden vor Ablauf der regulären Spielzeit endgültig Schluss ist. Was war geschehen? Der Kult-Schiri war von den Bremern zum Mittagessen eingeladen worden und hatte dazu Bier und Malteser-Schnaps getrunken. In angeheitertem Zustand leitete er die Partie und sorgte für eine der kuriosesten Anekdoten der Bundesliga-Geschichte, der in den Bremer Gaststätten noch heute Rechnung getragen wird: Bestellt man einen „Ahlenfelder", so erhält man ein Bier und Malteser-Schnaps.

2. In der ewigen Torschützenliste der Bundesliga führt mit 365 Toren aus 427 Spielen Gerd Müller. Auf Platz zwei liegt der polnische Goalgetter Robert Lewandowski, der in 384 Bundesligaspielen für den BVB und Bayern 312 Tore erzielte.

3. 1993/94 gelang dem AC Milan in der Serie A ein wohl einmaliges Kunststück: Mit nur 36 Treffern aus 34 Spielen gewann man die Meisterschaft. Mit 15 Gegentoren stand aber die Defensive der Mailänder wie eine Wand.

4. Der Waliser Mark Hughes bestritt an einem Tag zwei Spiele – mit unterschiedlichen Mannschaften. Zunächst spielte er mit seiner Nationalelf ein Qualifikationsmatch gegen die

Tschechoslowakei, danach lief er für den FC Bayern gegen Gladbach auf.

Lothar Matthäus:

„Wir sind eine gut intrigierte Truppe.“

5. Die schlechteste Saison der Bundesligageschichte lieferte 1965/66 die SV Tasmania Berlin ab. Nach 34 Spielen standen zwei Siege, vier Unentschieden und 28 Niederlagen zu Buche. Das Torverhältnis betrug 15 zu 108.

6. 1848 wurden an der University of Cambridge erstmals Regeln formuliert, die den Weg zum modernen Fußball ebneten, indem sie den Fuß in den Mittelpunkt rückten.

7. Rote und gelbe Karten gibt es erst seit etwa 50 Jahren. Vorher wurden die Spieler mündlich verwarnt oder des Platzes verwiesen. Dabei kam es bei der WM 1966 zu Problemen, als der deutsche Schiedsrichter Rudolf Kreitlein den Argentinier Antonio Rattin vom Platz stellte, dieser sich aber weigerte, zu gehen. Erst mit polizeilicher Begleitung konnte der Platzverweis durchgesetzt werden. Rattin behauptete hinterher, er habe den Schiedsrichter nicht verstanden und nach einem Dolmetscher verlangt. Den englischen Unparteiischen-Betreuer Ken Aston, der das Spiel verfolgt hatte, regte diese Szene zum Nachdenken an, bis er – mithilfe der Ampeln auf seinem Heimweg – die noch heute gültigen Farbcodes erfand. Zusammen mit Kreitlein stellte er diese Idee der FIFA vor, die die Karten zur WM 1970 einführte.

Lukas Podolski:

„Wir müssen jetzt die Köpfe hochkrempeln – und die Ärmel auch.“

8. Der höchste Länderspielsieg gelang Australien in einem denkwürdigen Spiel gegen Amerikanisch-Samoa am elften April 2001 im Rahmen der WM-Qualifikation für die FIFA- Weltmeisterschaft 2002. Seit 1986 gibt es den ozeanischen Qualifier, dessen Teilnehmer zuvor mit den asiatischen Nationalteams um die WM-Teilnahme kämpften. Die australische Auswahl hatte bereits zwei Tage vor dem Spiel gegen die Samoaner mit 22:0 gegen den Inselstaat Tonga gewonnen. Doch diesem Triumph sollten sie gegen die mit Problemen belastete Elf der Samoaner im Stadion von Coffs Harbour noch einen draufsetzen: Mit 31:0 wurden die Gegner vom Platz gefegt. Allein David Zdrilic (8) und Archie Thompson (13) steuerten 21 Treffer bei. Thompson stellte mit seinen Toren zudem mehrere Rekorde auf, unter anderem schoss er die meisten Tore in einem Länderspiel. Australien beschloss seine Qualifikationsgruppe nach vier Spielen schließlich mit vier Siegen und einem Torverhältnis von 66:0.

9. Ein gutes Jahr später wurde indes die höchste jemals aufgezeichnete Klatsche erzielt. Im Playoff-Spiel um die madagassische Meisterschaft schoss der SOE Antananarivo gegen AS Adema 149 Eigentore und besiegelte damit das Endergebnis in gleicher Höhe. Was war passiert? In Madagaskar wird der Meister mit einem Play-off-System ermittelt, für das sich vier Mannschaften qualifizieren. Diese spielen je zweimal gegeneinander, sodass der Meister nach sechs Spielen feststeht. Zwei Spiele vor Schluss hat der amtierende Meister SOE erst fünf Punkte erzielt, während der Erzrivale

Adema schon zehn Punkte sammeln konnte, allerdings auch ein Spiel mehr absolviert hat. Um also Meister zu bleiben, muss Antananarivo sein vorletztes Spiel gewinnen, um dann im Aufeinandertreffen mit Adema die Oberhand behalten zu können. Man führt auch lange mit 2:1, bevor der Schiedsrichter in der Schlussphase einen umstrittenen Elfmeter für den Gegner gibt. Dieser kann das 2:2 markieren und damit den AS Adema bereits vorzeitig zum Meister krönen. Der Frust ist groß bei SOE, und so entschließen sich Spieler und Trainer zu der ungewöhnlichen Protestaktion, nach jedem Anstoß den Ball sofort ins eigene Tor zu befördern. Am Ende kommt dadurch das unglaubliche Resultat von 149:0 zustande. Ohne Folgen bleibt der Affront jedoch nicht: Der Trainer wird für drei Jahre gesperrt, einzelne Spieler erhalten ebenfalls Sperren. Dafür produzierten sie allerdings eines der kuriosesten Fußballspiele aller Zeiten.

10. Es gibt Schiffe, die nach Bundesligisten benannt sind. Die Reederei Rudolf Scheepers ließ bereits die MS Borussia Dortmund und die MS Werder Bremen zu Wasser.

11. Auf den Inselgruppen südwestlich des Vereinigten Königreichs wird neben mehreren Pokalwettbewerben auch die kleinste Liga der Welt ausgetragen: Zwei Mannschaften kämpfen jedes Wochenende um Platz eins. Für Abwechslung sorgt die Zusatzregelung, dass die Mannschaftskapitäne ihre Teams jede Saison neu zusammenwählen.

12. Der schlechteste Verein der Welt kommt aus Brasilien. Dem Ibis Sport Club gelangen in 70 Jahren ganze 62 Treffer. Dafür bekam der Verein durchschnittlich 50 Tore pro Jahr eingeschenkt.

13. Der Erfinder von Sherlock Holmes, Sir Arthur Conan Doyle, begründete zusammen mit anderen den englischen Küstenclub Portsmouth FC und war sogar dessen erster Torhüter.

Andreas Möller:

„Mein Problem ist, dass ich immer sehr selbstkritisch bin, auch mir selbst gegenüber."

14. Ricardo Olivera – so lautete der Name des Schützen des schnellsten Tores aller Zeiten. 1998 erzielte der Argentinier für Rio Negro in Uruguay einen Treffer, der nach 2,8 Sekunden fiel. Nicht zu toppen? Denkste! Marc Burrows gelang auf der Isle of Wight 2004 das Kunststück, innerhalb von 2,5 Sekunden einzunetzen. Sein Verein Cowes Sport FC traf auf den Eastleigh FC und Burrows drosch das Leder mit Anpfiff direkt in den gegnerischen Kasten. Da ein

Fan zufällig mitfilmte, konnte das Tor sowohl vom englischen Fußballverband als auch vom Guinness World Records Buch anerkannt werden.

15. Die Einwohner von Island sind nicht nur literatur-, sondern auch fußballbegeistert. Als ihr Nationalteam 2016 bei der EM in Frankreich das Viertelfinale erreichte, machten sich zehn Prozent von ihnen auf den Weg in die Grande Nation. Das entspricht etwa 34 000 Menschen!

16. 2007 musste ein EM-Qualifikationsspiel zwischen Finnland und Belgien unterbrochen werden. Grund dafür war, dass ein Uhu auf dem Spielfeld Platz genommen hatte. Den finnischen Fans, die den tierischen Zwischenfall mit „Eule"-Rufen (Huuhkajat) begrüßt hatten, gefiel das Ganze so gut, dass seitdem ihre Nationalmannschaft diesen Spitznamen trägt.

Roland Wohlfarth:

„Zwei Chancen, ein Tor – Das nenne ich hundertprozentige Chancenauswertung."

17. Rund um das WM-Qualifikationsspiel zur WM 1970 zwischen EL Salvador und Honduras kam es zu Unruhen, die letztlich einen Krieg zwischen beiden Nationen auslösten. Der sogenannte Fußballkrieg dauerte letztlich nur 100 Stunden.

18. Legendäre Spiele: WM 1966, Gruppenphase: Italien – Nordkorea 0:1

Was für eine Sensation! Die krassen Außenseiter aus der diplomatisch abgeriegelten Volksrepublik besiegen den Favoriten Italien mit 1:0 und ziehen ins Viertelfinale der WM ein. Doch wie konnte es dazu überhaupt kommen?

Normalerweise wäre für Nordkorea wohl bereits in der Qualifikation Endstation gewesen. Es war vorgesehen, dass sie gemeinsam mit Australien, Südkorea und Südafrika in einer Gruppe die Mannschaft ausspielen sollten, die in einer mit drei weiteren afrikanischen Teams besetzten Ausscheidung den einen Startplatz für Asien, Afrika und Ozeanien ausspielen sollte. Da aber die afrikanischen Mannschaften aus Protest gegen dieses Qualifikationssystem alle nicht antraten und man sich mit Südkorea nicht auf einen neutralen Spielort einigen konnte, reichten den Nordkoreanern zwei Siege über Australien. Als krasser Außenseiter traf die Mannschaft im Vereinigten Königreich ein, ihr wurde überhaupt nur auf Druck der FIFA die Einreise gewährt. Im ersten Spiel verlor der Underdog statusgemäß mit 3:0 gegen die Sowjetunion, westliche Reporter bemühten bereits hämische Vergleiche mit Frauenhockey-

Mannschaften. Das zweite Gruppenspiel jedoch ging gegen Chile Unentschieden aus, sodass die Nordkoreaner gegen Italien die Möglichkeit hatten, mit einem Sieg ins Viertelfinale einzuziehen. Am 19. Juli 1966 liefen dann beide Teams in den Ayresome Park in Middlesbrough ein, das kleinste WM-Stadion, das noch nicht einmal ausverkauft war. Englische Fans unterstützten die Koreaner und lieferten damit zumindest ein wenig Atmosphäre. Die favorisierten Italiener mussten nach einer halben Stunde verletzungsbedingt zu zehnt weiterspielen, da Auswechslungen noch nicht erlaubt waren. In der verschlechterten Situation wurde ein italienischer Befreiungsschlag kurz vor der Pause postwendend in den Strafraum zurückgespielt, und der hauptberufliche Zahnarzt Pak Doo-Ik versenkte den Ball mit einem präzisen und scharfen Schuss in der linken unteren Torecke. Die fassungslosen Italiener versuchten nach der Pause zurückzuschlagen, doch ihre kopf- und ideenlosen Angriffsläufe führten nicht zum Erfolg. Die

Nordkoreaner hingegen krönten ihre erfolgreiche WM mit einem ansehnlichen Auftritt gegen Portugal, bei dem sie mit 3:5 unterlagen und ausschieden. Doch der Sieg über Italien wird noch lange im Gedächtnis bleiben.

19. Die schnellste Rote Karte aller Zeiten ging an Lee Todd, der den Anpfiff eines Schiedsrichters mit einer Beleidigung kommentierte und dafür den Platzverweis erhielt.

Klaus Augenthaler in einer 42-sekündigen Pressekonferenz: „Guten Tag. Meine Herren, es gibt vier Fragen und vier Antworten. Die Fragen, die stelle ich, und die Antworten gebe ich auch. Stimmung der Mannschaft... wie ist die Stimmung der Mannschaft und der Zustand der Mannschaft: Die Mannschaft hat hervorragend gearbeitet. Zur Taktik: Ein oder zwei Stürmer - hängt davon ab, wie die personelle Situation ist, es ist der eine oder andere verletzt. Wie ich den Gegner erwarte: Aachen wird sicherlich Druck machen, Aachen muss das Spiel gewinnen. Darauf sind wir vorbereitet. Ist die Mannschaft dem Druck gewachsen? Was ich beobachtet habe in der Woche im Training - sie hat sehr gut gearbeitet, und die Mannschaft wird die Antwort auf dem Platz geben. Dankeschön."

20. Das Känguru als bekanntestes Tier Australiens hat es auch in den Fußball geschafft: Die australische Nationalmannschaft wird von ihren Fans liebevoll als „Socceroos“ bezeichnet.

21. Der Weltklasse-Außenverteidiger Andrew Robertson hat nach seinem 18. Geburtstag nicht direkt einen Profivertrag erhalten, sondern musste zunächst mit der Arbeit in einem Supermarkt sein Geld verdienen. Obwohl ihm der Job gefiel, wird er wohl froh sein, dass es mit der Profikarriere doch noch geklappt hat: Nach Stationen bei Dundee und Hull City wechselte er zum FC Liverpool, mit dem er unter anderem die Premier League und die Champions League gewann.

22. Auch als Einwechselspieler kann man schnell rot sehen: 1999 traf es den Einwechselspieler des FC Swansea, Walter Boyed. Im Moment seiner Einwechslung schlug er einem Gegenspieler ins Gesicht – und wurde prompt vom Platz gestellt.

23. Das Eröffnungsspiel einer WM endete noch nie in einem torlosen Unentschieden.

24. Bei der WM in Brasilien 1950 verloren die englischen Elitekicker gegen die Amateurtruppe der USA blamabel mit 0:1. Als den heimischen Zeitungen das Ergebnis übermittelt wurde, – es gab noch keine Fernsehübertragung – hielten diese es für einen Fehler und druckten am nächsten Tag das für sie plausiblere Ergebnis von 10:1 ab.

Dietmar Hamann:

„Dass mein Gegenspieler mich umgestoßen und am Torschuss gehindert hat, habe ich ja noch wegstecken können, aber als er mich obendrein noch einen ‚Pardon' genannt hat, habe ich die Nerven verloren und nachgetreten."

25. Der britische Schiedsrichter Graham Poll verwarnte 2006 bei der WM in Deutschland den Kroaten Josip Simunic drei Mal mit der Gelben Karte. Im Gruppenspiel seiner Mannschaft gegen Australien sah Simunic 28 Minuten vor Schluss das erste Mal Gelb. Als ihn Poll in der neunzigsten Minute erneut verwarnte, flog der Kroate jedoch nicht mit Gelb-Rot vom Platz. Der Grund: Referee Poll hatte die erste Gelbe Karte wegen Simunicaustralischen Akzents irrtümlich Craig Moore zugerechnet. Einen großen Einfluss hatte dieser Fehler kurioserweise nicht, denn in der Nachspielzeit sah der kroatische Nationalspieler zum dritten Mal gelb und wurde tatsächlich vom Platz gestellt. Für Graham Poll gab es jedoch bittere Konsequenzen: Er trat von dem Turnier zurück und pfiff nie wieder eine internationale Partie.

26. Legendäre Spiele: WM 1954, Finale: Deutschland – Ungarn 3:2
Die BRD ging als Außenseiter ins Turnier in der Schweiz. Eigentlich traute niemand, der Mannschaft von Trainer Herberger irgendetwas zu. In der Vorrunde gewann man gegen die Türkei und verlor gegen den späteren Finalgegner Ungarn mit 3:8, wobei Herberger aus taktischen Gründen eine B-Auswahl aufs Feld schickte, um die erste Elf für das bei einer Niederlage anstehende Entscheidungsspiel fit zu halten. Dieses Spiel gewann man, wiederum gegen die Türkei, und traf auf die starken Jugoslawen, die man mit 2:0 besiegen konnte. Nach einem lockeren

Halbfinalsieg gegen geschwächte Österreicher, die wenige Tage zuvor bei brütender Hitze die Schweizer „Nati“ in Lausanne geschlagen hatte, traf man im Finale erneut auf Ungarn, die ihrerseits schwere Spiele gegen Brasilien und Uruguay hinter sich hatten.

Während sich der deutsche Fußball nach dem Zweiten Weltkrieg noch im Aufbau befand (man durfte nicht an der WM 1950 teilnehmen), galten die Ungarn als stärkste Mannschaft der Welt und hatten seit 1950 in 32 aufeinanderfolgenden Spielen nicht verloren. Trainer Gusztáv Sebes hatte die Qual der Wahl, wenn er zwischen Topstars wie Ferenc Puskás, Nándor Hidegkuti oder Sándor Kocsis wählen musste.

Nach dem Anpfiff um 16:53 legten die Ungarn los wie die Feuerwehr und führten bereits nach acht Minuten durch Tore von Puskás und Czibor mit 2:0. Doch im Gegensatz zum Vorrundenspiel konnten sich die Deutschen diesmal zusammenreißen und durch Tore von Max Morlock und Helmut Rahn schnell ausgleichen.

Reporter Herbert Zimmermanns legendäre Berichterstattungen, der die folgenden Abwehrbemühungen der deutschen Elf mit Sprüchen wie „Turek, du bist ein Teufelskerl! – Turek, du bist ein Fußballgott!“ kommentierte, lieferte den an den Radiogeräten mitfiebernden Fans den passenden emotionalen Hintergrund. Das Spiel wogte jedoch nach einer Phase, in der die deutsche Mannschaft sich fangen musste, hin und her, bis dann in der 84. Minute jener einmalige Moment eintrat, den Herbert Zimmermann wie folgt reportierte: „Sechs Minuten noch im Wankdorf-Stadion in Bern. Keiner wankt. Der Regen prasselt unaufhörlich hernieder. Es ist schwer, aber die Zuschauer, sie harren nicht aus, wie könnten sie auch! Eine Fußballweltmeisterschaft ist alle vier Jahre, und

wann sieht man ein solches Endspiel, so ausgeglichen, so packend – jetzt Deutschland am linken Flügel durch Schäfer, Schäfers Zuspiel zu Morlock wird […] abgewehrt, und Bozsik […], der rechte Läufer der Ungarn, am Ball. Er hat den Ball – verloren diesmal, gegen Schäfer, Schäfer nach innen geflankt – Kopfball – abgewehrt – aus dem Hintergrund müsste Rahn schießen – Rahn schießt! – Tooooor! Tooooor! Tooooor! Tooooor!“

Danach warfen die Ungarn noch einmal alles nach vorne, doch nach einem Abseitstor von Puskás und gefährlichen Schüssen war Schluss. Deutschland war Weltmeister, der haushohe Favorit besiegt, das *Wunder von Bern* geboren.

27. Selbst im Vatikan wird gekickt: Obwohl nur knapp tausend Menschen den winzigen Kirchenstaat bevölkern, gibt es dort sechzehn Fußballmannschaften, die den sogenannten Clericus Cup austragen.

28. In Brasilien stehen sich Nord- und Südhalbkugel gegenüber. Im Stadion von Macapá liegt die eine Spielfeldhälfte auf der Nord-, die andere auf der Südhalbkugel. Die Mittellinie deckt sich also exakt mit dem Äquator.

29. Die erste Fernsehübertragung eines Fußballspiels fand am 16. September 1937 statt. Dabei trafen die erste und die zweite Mannschaft von Arsenal London aufeinander. Im Jahr darauf wurde dann erstmals ein Länderspiel übertragen: Am 9. April besiegte die schottische Elf das englische Team mit 1:0.

Paul Gascoigne:

„Ich mache nie Voraussagen und werde das auch niemals tun."

30. Bei der WM 2018 brach der ägyptische Torwart Essam el-Hadary den Rekord für den ältesten Spieler. Mit 45 Jahren war er zwei Jahre älter als der vorherige Rekordhalter.

31. Legendäre Spiele: Champions League 2005, Finale: FC Liverpool – AC Milan 6:5 n.E.
Milan-Trainer Carlo Ancelotti fasste zumindest die Aufholjagd des FC Liverpool treffend zusammen: „Das waren sechs Minuten des Wahnsinns.“ Für das nach der torlosen Verlängerung folgende Elfmeterschießen, in dem die Reds ihre Bemühungen krönen konnten, hatte er wohl noch keine Worte.
Doch der Reihe nach: Auf dem Weg ins Finale wurde der AC Milan Gruppenerster und besiegte dann ManU, die Erzrivalen von Inter und den niederländischen Überraschungsgegner PSV Eindhoven. Liverpool dagegen wurde Gruppenzweiter hinter AS Monaco, bevor Bayer Leverkusen, Juventus Turin und der FC Chelsea aus dem Weg geräumt wurden.

Das Finale fand im Atatürk-Stadion in Istanbul statt. Milan wurde im Vorfeld als klarer Favorit gehandelt. Die eingespielte Mannschaft stand im zweiten Endspiel innerhalb von zwei Jahren und konnte auf qualitativ hochwertige Spieler zurückgreifen, so etwa Kapitän Maldini, Clarence Seedorf, Spielmacher Andrea Pirlo, den Leihstürmer Hernán Crespo und seinen Sturmpartner Andrij Schewtschenko. Liverpool ging zwar als Außenseiter ins Spiel, hatte aber immerhin die ebenfalls favorisierten Mannschaften von Juventus Turin und Chelsea aus dem Wettbewerb befördert. Trainer Benítez beschwor vor dem Spiel das aus den bisherigen Siegen gewonnene Selbstvertrauen und gab sich kämpferisch.

Doch nach Spielbeginn sah es zunächst gar nicht gut aus für die Reds: Nach einem Freistoß von Andrea Pirlo nahm Maldini den Ball Volley und kickte ihn per Aufsetzer aus etwa zwölf Metern ins Tor von Jerzy Dudek. Nicht einmal eine Minute war gespielt, und Liverpool lag bereits

zurück. Und es sollte noch schlimmer für sie kommen, denn kurz nach der Auswechslung von Harry Kewell erhöhte Milan den Druck: Chance folgte auf Chance, oft rettete Liverpool nur die Abseitsstellung der Mailänder Offensive. Kurz vor der Pause allerdings passte Kaká zu Schewtschenko, der den Ball zu Crespo weitergab. Dieser fackelte nicht lange und versenkte ihn im Netz. Und Minuten später gelang es dem argentinischen Ausnahmestürmer sogar, nach einer Traumvorlage von Kaká das 3:0 zu schießen.
In der Pause versuchten sich die Spieler des FC Liverpool zusammenzuraufen, und bekräftigten sich in ihrem Willen zum Aufholen. Benítez reagierte taktisch und wechselte den deutschen Dietmar Hamann ein. Liverpool spielte nun entschieden offensiver und aggressiver. Nur knapp zehn Minuten nach Wiederanpfiff nahm Kapitän Gerrard einen Diagonalball per Kopf und lenkte ihn ins Netz. Der Treffer verlieh Liverpool zusätzlichen Aufwind, und so kamen die Reds durch Vladimir Šmicer zum Anschlusstreffer.

Und der Wahnsinn von Istanbul wurde vier Minuten später perfekt, als Xabi Alonso den Nachschuss seines zunächst gehaltenen Elfmeters im Tor unterbrachte. Dieser Nackenschlag hätte wohl jede andere Mannschaft in Schockstarre versetzt, nicht so den AC Milan. Es entwickelte sich ein offener Schlagabtausch, bei dem beide Teams zu großen Chancen kamen, es aber verpassten, das Spiel für sich zu entscheiden. Also ging es in die Verlängerung.
Bis zur 117. Minute war die Verlängerung recht ereignisarm geblieben, es gab nur noch wenige Chancen, doch dann folgte eine der Situationen, die ein Spiel in die eine oder eben die andere Richtung lenken können. Andrij Schewtschenko tauchte im Strafraum auf und gab einen scharfen Kopfball auf das Tor von Jerzy Dudek ab. Der Keeper parierte den Schuss zwar, aber ging zu Boden. Aus nächster Nähe schoss Schewtschenko erneut, und irgendwie bekam Dudek den Arm hochgerissen, um den Ball über die Latte zu lenken. Selbst erstaunt von seiner

Glanztat nahm er die Gratulationen seiner Teamkollegen entgegen, denn er rettete Liverpool ins Elfmeterschießen. Milan begann, doch Serginho, der für Seedorf eingewechselt worden war, schoss den Ball über die Querlatte. Wie bei allen Schützen versuchte Dudek auch bei ihm, mit wilden Bewegungen auf der Torlinie abzulenken. Als erster Schütze der Engländer trat Dietmar Hamann an, der den Ball im Tor unterbrachte. Nachdem Dudek Pirlos Elfmeter gehalten hatte, indem er in die rechte untere Ecke gesprungen war, verwandelte auch Liverpools zweiter Schütze Djibril Cissé seinen Elfmeter. Der eingewechselte Jon Dahl Tomasson musste also fast schon treffen, damit Milan noch eine Chance hatte. Er ließ sich nicht von Dudek beeindrucken, blieb eiskalt und netzte ein. Wenn allerdings der Norweger John Arne Riise verwandeln würde, sah es immer noch sehr schlecht aus für die Italiener. Doch ihm gelang es als erstem Schützen nicht, Dida im Mailänder Tor zu überlisten. Durch Kaká kam Milan schließlich zum Ausgleich, allerdings hatte Liverpool immer die Möglichkeit, nachzuziehen, da Milan begonnen hatte, und so musste, nachdem Šmicer das 6:5 erzielt hatte, Andrij Schewtschenko treffen, um Milan noch eine Chance zu geben. Es gelang ihm nicht. Sein mittig geschossener Ball erwischte Dudek zwar auf dem falschen Fuß, allerdings gelang es ihm mit dem linken Arm, den Schuss zu blocken und damit die Niederlage des AC Milan zu besiegeln. Der Außenseiter hatte in einem packenden, hochdramatischen Finale verdient gegen die favorisierten Italiener gewonnen.

32. 2015 trug sich Robert Lewandowski mit einem Spiel gleich viermal ins Guinness Buch der Rekorde ein. Nach seiner Einwechslung gegen den VfL Wolfsburg erzielte der Weltklassestürmer fünf Tore – in atemberaubender Geschwindigkeit. Drei Tore in 3:22 Minuten, vier Tore in 5:42 Minuten und 5 Tore in 8:59 Minuten sowie fünf Tore eines Einwechselspielers gelangen vorher noch keinem. In der Bundesliga-Rekordliste löste er mit seinem Hattrick Michael Tönnies ab, der dafür im Dress des MSV Duisburg 1991 sechs Minuten benötigte.

33. Was allerdings auch Robert Lewandowski nicht schaffte, gelang dem Japaner Masashi Nakayama 1998 in der ersten Liga seines Heimatlandes, als er in vier aufeinanderfolgenden Spielen je einen Hattrick erzielte.

34. Auch international war Masashi Nakayama erfolgreich. Er schoss Japans erstes Tor bei einer FIFA-WM und hält den Rekord für den schnellsten international erzielten Hattrick. Diesen stellte er gegen die Nationalelf von Brunei auf, gegen die er die drei Tore in 183 Sekunden schoss.

35. Die härteste Klebe der Welt hat der brasilianische Mittelfeldspieler Ronny. Der Spieler mit dem klangvollen Namen versenkte für Sporting

Lissabon einen Freistoß mit 200 km/h im gegnerischen Tor.

Dieter Hecking:
„Vor den Leistungen einiger Spieler muss man wirklich den Hut zollen."

36. Du kennst sicher Bilder von älteren Fußbällen, die aus Fünf- und Sechsecken bestehen. Aber wusstest du schon, dass man die Form dieser Bälle Ikosaeder nennt? Da das Leder ja nicht eckig war, sondern eher rund, bezeichnet man die alten Bälle vollständig als abgestumpften Ikosaeder.

37. Als die indische Nationalelf zur WM 1950 barfuß antreten wollte, wurde ihnen die Teilnahme ohne Fußballschuhe verboten. Deshalb verweigerte Indienanzutreten und verpasste die einzige WM-Endrunde, für die es sich je qualifizierte.

38. Auf den Färöer-Inseln – die liegen im Nordatlantik und gehören zu Dänemark – darf ein dritter Spieler beim Elfmeter in den Strafraum, um den Ball festzuhalten. Oft weht dort nämlich ein kräftiger Wind.

Werner Hansch:

„Wer hinten so offen ist, kann nicht ganz dicht sein.“

39. Nur vier Mannschaften haben noch nie gegen die englische Nationalmannschaft verloren: Algerien, Südkorea, Ghana und Saudi-Arabien

40. Legendäre Spiele: Football League Second Division 1957: Charlton Athletic – Huddersfield Town 7:6

Bei diesem Spiel handelt es sich um eine dieser Aufholjagden, bei denen hinterher keiner mehr weiß, wie er es geschafft hat, mit seinem Team noch mal ranzukommen. Alles schien bereit für ein normales Heimspiel von Charlton Athletic. Ins Stadion *The Valley* waren gut 12 500 Fans gekommen, um dem Zweitligakick zwischen Charlton und Huddersfield zuzusehen. Bis zur 63. Minute war das für die Heimfans keine vergnügliche Beschäftigung, denn ihr Team hatte zwar zwischenzeitlich einen Anschlusstreffer erzielt, lag aber 5:1 hinten. Beide Teams waren kurz zuvor aus der ersten Liga abgestiegen und kämpften nun um den Wiederaufstieg. Für Huddersfield wären die drei Punkte wichtig, um eine Erfolgsserie zu starten, für Charlton, um ihre bereits bestehende auszubauen. Huddersfield schien jedoch klar die Oberhand zu behalten – bis der Stürmer Johnny Summers auf den Plan

trat. Nach einem Tor seines Sturmkollegen Buck Ryan erzielte er binnen siebzehn Minuten vier Treffer, wodurch Charlton in Führung ging. Der seit der 17. Minute dezimierte Mannschaft war tatsächlich das Unmögliche gelungen. Die Fans, die noch nicht das Stadion verlassen hatten, jubelten euphorisch. Doch Huddersfield fand einen Weg, auszugleichen. Nur vier Minuten vor Schluss stand es somit 6:6. Das wilde Spiel würde wohl in einem Remis enden.
Buck Ryan machte diesen Hoffnungen der Huddersfielder allerdings einen Strich durch die Rechnung, als er einen nach vorne geschlagenen Ball von Summers im Kasten der Huddersfielder versenkte und Charlton damit einen Sieg bescherte, der wohl nie vergessen werden wird.

41. Wenn ein Fußballprofi einmal seinen Job verliert, wird er beim Arbeitsamt als „Künstler" aufgelistet.

Gerd Delling:

„Da geht er durch die Beine, knapp an den Beinen vorbei, durch die Arme."

42. Vielleicht geht dir dein Bruder oder deine Schwester auch manchmal auf die Nerven. Aber du bist immer noch deutlich besser dran als Alex Song vom FC Sion. Der hat nämlich 27 Geschwister! 17 davon sind Mädchen und 10 Jungen.

43. Selbst die größten Fußballer gewinnen nicht alles. Der legendäre brasilianische Stürmer Ronaldo hat zum Beispiel nie die Champions League gewonnen, obwohl er bei fünf Vereinen spielte, denen das bereits gelungen ist.

44. Die Gelbsperre gibt es seit der Saison 1979/80. Eingeführt hat sie der DFB, weil der Profispieler Walter Frosch zwei Jahre zuvor einen absoluten Rekord aufstellte, als er über 20 Gelbe Karten in 37 Spielen sah. Zunächst wurde bereits nach vier Spielen gesperrt, erst einige Jahre später wurde die Grenze auf fünf hochgesetzt. Die Gelb-Rote Karte gibt es übrigens erst seit Anfang der Neunziger.

Andreas Brehme:

„Das Unmögliche möglich zu machen, wird ein Ding der Unmöglichkeit.“

45. Die umstrittene Fußball-WM in Katar wird in Lusail eröffnet, einer Stadt, die es bis vor Kurzem gar nicht gab.

46. Cristiano Ronaldo gilt ja gerne mal als eingebildet und einige Sachen, die der portugiesische Stürmerstar macht, deuten durchaus darauf hin. So eröffnete er etwa 2013 ein Museum, dass sich nur mit ihm selbst beschäftigt.

47. „Tifosi“ ist ein italienischer Begriff für fanatische Fußballfans. Er kommt von der Krankheit Typhus, die auch als eine Art Fieber gilt. Darum ist das Wort sehr treffend, denn wer fiebert nicht am Wochenende mit seiner Lieblingsmannschaft mit?

48. Nach Nordkorea 1966 gelang es auch Südkorea, Italien aus dem WM-Turnier zu werfen. Bei der mit Japan geteilten Heim-WM 2002 schoss Ahn Jung-Hwan gegen die Squadra Azzurri das entscheidende Tor in der Nachspielzeit. Am nächsten Tag erreichte ihn die Kündigung seines italienischen Vereins. Der Eigentümer sagte, er könnte nicht denjenigen beschäftigen, der den italienischen Fußball ruiniert habe.

Wayne Rooney:

„Ich ziele nicht. Wenn ich nicht weiß, wohin der Ball geht, woher soll's dann der Torwart wissen?"

49. Legendäre Spiele: DFB-Pokalfinale 1973: 1.FC Köln – Borussia Mönchengladbach 1:2 n.V.

Der 1.FC Köln ging als leichter Favorit in die Begegnung, da es die bessere Saison gespielt hatte und besser in Form war. Gladbach war von Trainerlegende Hennes Weisweiler zwar innerhalb weniger Jahre in die absolute Weltspitze gebracht worden, hatte jedoch eine durchwachsene Saison hinter sich. Insbesondere Starspieler Günter Netzer war nicht auf der Höhe seines Könnens, und so verblieb er auf der Bank, war damit jedoch nicht zufrieden.

Das Spiel fand im Düsseldorfer Stadion statt.

Nach Anpfiff entwickelte sich ein munterer Offensivkick, in dem die Gladbacher das erste Ausrufezeichen setzen konnten. Herbert Wimmer schoss seine Mannschaft in der 24. Minute in Führung. Doch schon sechzehn Minuten später gelang es dem Kölner Defensivspieler Herbert Neumann, per platziertem Flachschuss auszugleichen. In der Halbzeit will Weisweiler seinen Star einwechseln, doch der weigert sich. Die Spannung zwischen den beiden Alphatieren Netzer und Weisweiler ist einfach zu hoch, insbesondere, da bereits bekannt ist, dass Netzer im Sommer zu Real Madrid wechseln wird. Das weiterhin offensive Spiel fand einen weiteren Höhepunkt in der 58. Minute, als Jupp Heynckes im Strafraum der Kölner zu Fall gebracht wird. Der Gefoulte tritt zum Elfmeter selbst an, aber sein Schuss wird vom Kölner Keeper gehalten. Danach treffen die Kölner noch zweimal die Latte und die Gladbacher einmal den Pfosten. Doch zu einem Tor kommt keine der beiden Mannschaften. Es gibt Verlängerung.

Nun sieht Netzer den Zeitpunkt gekommen, zu handeln. Er fragt den erschöpften Christian Kulik, ob er sich noch fit fühle, und als er das verneint, wechselt sich Netzer zu Beginn der Verlängerung mit den legendären Worten „Trainer, ich spiel dann jetzt" selber ein.

Drei Minuten später treibt Netzer den Ball nach vorne, spielt Doppelpass mit Rainer Bonhof und versenkt das Leder in der linken oberen Ecke. Torwart Welz ist chancenlos, und das Pokalfinale, das die Gladbacher letztlich mit ebenjenem Netzer-Tor 2:1 gewinnen, geht als legendäres Spiel in die Geschichte ein.

50. Der Speiseplan der deutschen Nationalmannschaft sieht an Spieltagen eine erhöhte Kohlenhydratzufuhr vor, also gibt es Lebensmittel wie Nudeln, Kartoffeln oder Reis. 2014 kam es etwa beim Gruppenspiel gegen Portugal sogar dazu, dass die Spieler zum Frühstück Spaghetti

Bolognese bekamen, da das Spiel um 13 Uhr angesetzt war.

51. Zwar siehst du bei der WM oft Spieler aus Nationen, deren Flaggen du wahrscheinlich nicht auf Anhieb erkennst, aber gewonnen wurde das Turnier bisher von nur acht verschiedenen Ländern.

52. Ein großer Teil der weltweit produzierten Fußbälle stammt aus Pakistan. 55 % aller Spielgeräte werden in dem asiatischen Land hergestellt.

53. Die Crème de la Crème des Fußballs spielt in Europa. Folgerichtig sind die zwanzig reichsten Clubs der Welt auch alle in Europa beheimatet.

54. Während der WM 2006 wurde mithilfe einer Studie festgestellt, dass zu den Zeiten der deutschen Spiele mehr Menschen mit Herz-Kreislauf-Beschwerden ins Krankenhaus eingeliefert wurden. Mediziner aus dem Großraum München gaben an, 2,7-mal mehr ambulante Behandlungen dieser Beschwerden durchgeführt zu haben.

Richard Golz:

„Ich habe nie an unserer Chancenlosigkeit gezweifelt."

55. Wie du dich vielleicht erinnerst, waren eine Menge Isländer bei der EM in Frankreich. Doch zur WM in Russland 2018 wollten sogar noch mehr von ihnen kommen! 20 % der isländischen Bevölkerung bewarben sich um Tickets für das Turnier.

56. Beim Champions-League-Finale 2022 konnte es gut sein, dass auch Schiedsrichter-Entscheidungen bejubelt wurden. Grund dafür: Der französische Schiri Clément Turpin hat einen eigenen Fanclub!

57. Die deutsche Rekord-Nationalspielerin Birgit Prinz erhielt 2003 ein Angebot des AC Perugia, für deren Männer-Team anzutreten. Sie lehnte den Deal ab, da sie nicht als Marketing-Gag auf der Tribüne enden wollte.

Uli Hoeneß:
„Die Wahnsinnspreise zahlen wir sicherlich nicht, aber die mittleren Wahnsinnspreise könnte ich mir schon vorstellen.“

58. Bleiben wir beim Frauenfußball. Bestimmt hast du auch schon der deutschen Elf bei einem großen Turnier die Daumen gedrückt und mit den

Spielerinnen mitgefiebert. Leider waren die Akzeptanz und Unterstützung für die Frauen lange nicht vorhanden. Erst 1970 erlaubte der DFB den Frauenfußball, allerdings nicht, ohne zusätzliche Regeln aufzustellen: Frauen durften nur bei gutem Wetter spielen, die Bälle waren leichter und die Spielzeit wurde auf 60 Minuten verkürzt. Erst nach und nach besserte sich die Situation und die Frauen bekamen mehr und mehr die gleichen Regeln wie die Männer.

59. Doch selbst als die Frauennationalmannschaft 1989 erstmals ein großes Turnier gewann, waren die Spielerinnen bei Weitem nicht den Männern gleichgestellt, denn für den Sieg erhielt jede von ihnen ein Kaffeeservice.

60. Legendäre Spiele: WM-Halbfinale 1970: Italien – Deutschland 4:3 n.V.

Bis zur Verlängerung war noch nichts besonders an dem Match, das als Jahrhundertspiel in die Geschichte eingehen sollte. Deutschland, der

Vizeweltmeister von 1966, hatte die WM-Qualifikation problemlos gemeistert und sich in der Vorrunde gegen Peru, Bulgarien und Marokko durchgesetzt. Im Viertelfinale traf man auf England und geriet 2:0 in Rückstand. Durch Tore von Franz Beckenbauer und Uwe Seeler rettete sich das deutsche Team in die Verlängerung, in der Gerd Müller den Siegtreffer markierte. Die Zeitungen überschlugen sich und bezeichneten den großartigen Kampf der deutschen Mannschaft als „Jahrhundertspiel“.
Gegner Italien, seines Zeichens Europameister von 1968, hatte seine Qualifikation ebenfalls mühelos überstanden, sich jedoch in der Gruppenphase ungewöhnlich schwergetan. Man besiegte Schweden mit eins zu null und remisierte torlos gegen Israel und Uruguay, was dank der uruguayischen Niederlage gegen Schweden sogar zum Gruppensieg reichte, aber trotzdem stand das italienische Team in der Kritik. Im Viertelfinale folgte allerdings eine überzeugende

Vorstellung gegen Gastgeber Mexiko, der 4:1 besiegt wurde.

Das Halbfinale zwischen beiden Mannschaften fand in der glühenden Nachmittagshitze von Mexiko-City statt, im legendären Aztekenstadion. Über 100.000 Zuschauer versammelten sich in diesem auf über 2.000 Metern gelegenen Fußballtempel.

Sie sollten eines der packendsten Spiele aller Zeiten bewundern dürfen. Ein schnelles Tor von Boninsegna brachte die Squadra Azzurra in Führung, woraufhin sie sich zurückfallen ließ und im berüchtigten Catenaccio-System den Angriffen der deutschen Elf harrte. Viele gefährliche Versuche näherten sich dem Tor von Enrico Albertosi, der jedoch einen glänzenden Tag erwischt hatte und eine Glanztat nach der anderen zeigte. Die Italiener wurden ihrerseits erst in der zweiten Hälfte wieder offensiver, brachten Sepp Maier im deutschen Kasten jedoch nie ernsthaft in Bedrängnis. Die Italiener verteidigten ihre knappe Führung relativ abgeklärt, bis wenige Sekunden vor Abpfiff plötzlich Karl-Heinz Schnellinger frei vor dem italienischen Tor auftauchte und eine Flanke von Jürgen Grabowski im Kasten versenkte. Also hieß es erneut Verlängerung für die Deutschen. Gerd Müller brachte sie in Führung, doch Burgnich und Riva schlugen zurück. Italien führte zu Beginn der zweiten Halbzeit der Verlängerung mit 3:2. Deutschland hielt mit allem, was sie hatten, dagegen, selbst der angeschlagene Beckenbauer kämpfte sich weiter durch. Müller gelang sogar der Ausgleich, aber postwendend sorgte Rivera in dieser actionreichen Verlängerung für den 4:3-Schlusspunkt. Die deutschen Zeitungen mussten ihr Urteil über das England-Spiel revidieren und führten nunmehr dieses Spiel, dem mit einer Gedenktafel am Aztekenstadion Tribut gezollt wird, als Jahrhundertspiel auf. Deutschland sicherte sich gegen Uruguay immerhin einen versöhnlichen dritten Platz, während die erschöpften Italiener im Finale gegen Brasilien sang- und klanglos mit 3:4 verloren.

Marcel Reif:

„In acht Minuten drei Tore, was können wir als Kassenpatienten mehr verlangen."

61. Vielleicht kennst du ja aus deiner Jugendmannschaft Spiele mit hohen Ergebnissen, bei denen ihr eure Gegner an die Wand spielt oder vielleicht auch andersrum. Aber was dem brasilianischen Star und Superstürmer Ronaldinho mit dreizehn gelang, ist schon etwas Besonderes. Beim 23:0 Sieg seines Teams gegen einen lokalen Konkurrenten erzielte er alle 23 Treffer und geriet so in den Fokus der brasilianischen Presse.

62. Beidfüßige Fußballer verdienen laut einer Studie mehr Geld als solche, die links- oder rechtsfüßig sind. Wie Wissenschaftler bei der Untersuchung von fast 2300 Spielern feststellten, erhielten diejenigen mit zwei gleichstarken Füßen 15,4 % mehr Gehalt. Zum Vergleich: Wenn du 20 Euro Taschengeld bekommst, wären 15 % mehr schon 23 Euro.

63. Kennst du die bunten Klebestreifen, die einige Fußballer zum Beispiel am Knie oder Unterschenkel tragen? Dieses sogenannte Kinesio-Tape (auf Deutsch etwa Bewegungs-Tape) soll sich positiv auf die abgeklebte Stelle auswirken, und auch die Farben sollen spezielle Effekte haben. So soll blau die betroffene Stelle kühlen und rot sie erwärmen.

64. Laut den Vereinten Nationen gibt es zurzeit rund 200 Länder. Der FIFA gehören aber sage und schreibe 211 Verbände an. Das liegt unter anderem daran, dass Gebiete wie Amerikanisch-Samoa, die eigentlich zu den USA gehören, trotzdem eine eigene Nationalmannschaft stellen.

65. Das Wort „Soccer“, das in der englischsprachigen Welt häufig statt „Football“ verwendet wird, leitet sich von dem Wort „Association“ ab, das „Gemeinschaft“ bedeutet. Die Erfindung des Wortes wird dem englischen Fußballer Charles Wrenford-Brown zugeschrieben, der im späten 19. Jahrhundert kickte.

Günter Netzer:

„Man muss feststellen, dass der Spruch auch nicht mehr stimmt, dass der Schütze nicht selber schießen soll. Ich stelle fest, dass der Schütze sehr wohl den Elfmeter selber schießt."

66. Wir alle lieben Fußball so sehr, da ist es nur logisch, dass es zu den beliebtesten Sportarten der Welt zählt. Etwa 240 Millionen Menschen versuchen weltweit, das Runde ins Eckige zu befördern. Am fußballverrücktesten sind die Costa-Ricaner, von denen fast jeder Dritte kickt. In Deutschland spielen allein

sechs Millionen Menschen im Verein, zusätzlich gibt es noch vier Millionen Hobbyspieler.

67. Ein Profispieler mit elektronischer Fußfessel? Klingt wie ein schlechter Hollywood-Plot, hat aber im Jahre 2005 tatsächlich so stattgefunden. Jermaine Pennant, der beim Birmingham FC unter Vertrag stand, war im März desselben Jahres wegen Trunkenheit am Steuer für einige Monate ins Gefängnis gekommen. Beim Spiel seines Teams gegen Tottenham Hotspur hatte er Ausgang und durfte die Partie bestreiten, aber unter der Auflage, dass er eine elektronische Fußfessel trug. Die Partie endete übrigens 1:1 unentschieden.

68. Der höchste Sieg bei einer WM gelang Ungarn. 1982 fegte man in Spanien den Fußballzwerg El Salvador mit 10:1 vom Platz.

69. Heute ist bei einem Handspiel sofort klar, dass der Schiedsrichter nach einer der beiden Karten greifen wird. Doch ganz am Anfang, in den ersten Fußballregeln, war Handspiel noch erlaubt. Erst nach drei Jahren wurde ein Verbot eingeführt.

Marco Reich:
„Früher war ich ein großer Fan von Mönchengladbach. Doch da hatte ich noch keine Ahnung von Fußball.“

70. Weißt du, ob du O- oder X-Beine hast? Wenn du schon länger Fußball spielst, dann ist die Wahrscheinlichkeit nicht gering, dass es O-Beine sind. Forscher der Ludwig-Maximilians-Universität haben das rausgefunden. Sie untersuchten die Daten von über tausend Fußballspielern und einer anderen Gruppe, die kein

Fußball spielte. Das Ergebnis. Bei Fußballern finden sich in 70 % der Fälle O-Beine, bei der nicht spielenden Vergleichsgruppe in 40 %.

71. Legendäre Spiele: Europapokal der Pokalsieger, Viertelfinale 1986: Bayer 05 Uerdingen – Dynamo Dresden 7:3

Die größten Spiele sind oft auch die wahnwitzigsten Aufholjagden. So auch dieses Match, das sich an jenem denkwürdigen Abend des 19. März in der Grotenburg-Kampfbahn bahnbrach. Das deutsch-deutsche Viertelfinale gewann seine Brisanz natürlich auch daraus, dass noch immer eine Mauer zwischen West und Ost stand und der sportliche Wettbewerb wie immer als Kräftemessen diente. Die Dresdner hatten das Hinspiel in der Heimat völlig verdient mit 2:0 für sich entscheiden können und gingen dementsprechend als klare Favoriten ins Rückspiel im Westen.

Das Spiel wurde bereits im Vorhinein als wichtig eingeschätzt, was sich darin widerspiegelte, dass

das ZDF diese Partie dem Spiel der Bayern gegen Anderlecht vorzog. Eine im Nachhinein goldrichtige Entscheidung.
Als der ungarische Schiedsrichter Lajos Németh das Spiel anpfeift, ist die Aufgabe für Uerdingen klar: Sie müssen mindestens zwei Tore schießen und verhindern, dass der technisch beschlagene Dresdner Sturm seine vollen Qualitäten entfalten kann. Doch bereits in der ersten Minute scheinen sich alle Uerdinger Hoffnungen zu zerschlagen. Nach einem Freistoß von außen steht am zweiten Pfosten Ralf Minge völlig frei und köpft den Ball gekonnt ins Tor. Dresden sieht wie der sichere Sieger aus. Daran kann auch der nach einer Ecke erzielte Ausgleichstreffer durch Wolfgang Funkel nichts ändern, denn die aufkeimende Zuversicht wird in der 35. Minute zunichtegemacht, als Frank Lippmann nach einem Konter den flach und scharf nach innen gegebenen Ball von Ulf Kirsten am zweiten Pfosten unbedrängt einschiebt. Und Dynamo legt vor der Pause noch nach: Nach einer schönen

Passstafette bringt Lippmann eine Flanke in den Sechzehner, die von seinem Teamkollegen gegen Rudi Bommer geschossen wird, der den Ball ins Tor ablenkt. Zur Pause ist also alles noch klarer als zu Beginn, nur Dresdens Keeper musste nach einem schmerzhaften Foul durch einen unerfahrenen Ersatztorwart ausgetauscht werden. Die zweite Halbzeit verläuft zunächst ereignisarm, bis Wolfgang Funkel in der 58. Minute einen Foulelfmeter verwandelt und damit zur Uerdinger Aufholjagd bläst. Fünf Minuten später gerät Minge in einen Schuss von Gudmundsson, wodurch das Spiel wieder ausgeglichen ist. Aber beim Stand von drei zu drei benötigen die Uerdinger etwa 25 Minuten vor Schluss immer noch drei Treffer zum Weiterkommen. Zwei Minuten nach dem Ausgleich allerdings erzielt Wolfgang Schäfer mit einem schönen Lupfer über den bis dato souverän agierenden Jens Ramme das Führungstor. Beim 5:3 in der 78. Minute zeigt dann auch er Nerven und reagiert viel zu spät auf den von der Strafraumkante abgegebenen Schuss. Eine Minute später gibt es einen Handelfmeter, den Wolfgang Funkel in die Maschen jagt. Nun haben tatsächlich die Uerdinger die Nase vorn! Auf den Tribünen gibt es kein Halten mehr. Doch noch ist nicht Schluss. Dresden kommt zu gefährlichen Chancen, die aber Uerdingens Keeper vereiteln kann. Und Schäfer sorgt in der 86. Minute dann für den 7:3-Schlusspunkt und besiegelt das Uerdinger Wunder. Zwar schied man im Halbfinale gegen Atletico Madrid aus, doch der Viertelfinalabend gegen Dresden bleibt noch lange im Gedächtnis.

72. Lass uns ein wenig eintauchen in die Geschichte der Fußballweltmeisterschaften. Die erste fand 1930 in Uruguay statt und der Gastgeber wurde auch erster Weltmeister. Aber natürlich passierte auch allerhand Kurioses: Das Spiel zwischen Rumänien und Peru wollten nur 300 Menschen sehen, es ist damit das am wenigsten besuchte WM-Spiel aller Zeiten.

73. Um nach Uruguay zu kommen, wurde damals noch ein Schiff benötigt. Die längste Anreise hatte dabei Rumänien, die für den Weg nach Montevideo ganze vierzehn Tage benötigten!

74. Bei der Endrunde 1934 in Italien wollte Diktator Benito Mussolini mit allen Mitteln den Sieg der Italiener erzwingen. Es gelang ihm, allerdings mit recht zweifelhaften Mitteln. So pfiffen die Schiris konsequent alles so, dass es Italien zugutekam, die so gut wie nie verwarnt wurden, während ihre Gegner bei jeder Kleinigkeit gemaßregelt wurden. Im Halbfinale köpfte der Referee sogar selbst eine Ecke der italienischen Gegner aus dem Strafraum.

Gary Lineker:

„Fußball ist ein einfaches Spiel: 22 Männer jagen 90 Minuten lang einem Ball nach und am Ende gewinnen immer die Deutschen."

75. 1950 fand die erste WM nach dem Zweiten Weltkrieg statt. Deutschland war nicht eingeladen. Bei der Heim-WM der Brasilianer war eigentlich alles bereit für deren Triumph, doch der Außenseiter Uruguay entriss ihnen noch den Titel. Diese Schmach, mit knapp 200.000 Zuschauern obendrein noch das bestbesuchte Endspiel, sorgte unter anderem dafür, dass die Brasilianer nicht mehr in ihren traditionellen weißen, sondern nun in gelb-blauen Trikots antraten, die du wahrscheinlich aus dem Fernsehen kennst.

76. Das Finale der WM 1954, also Deutschland gegen Ungarn, ist bisher das einzige WM-Finale, das bei Regen stattgefunden hat.

77. Das erste torlose Unentschieden einer WM gab es bei der Endrunde 1958 zwischen England und dem späteren Weltmeister Brasilien.

78. Bei der WM 1966, als Deutschland im Finale in Wembley in einem echten Klassiker in der Verlängerung mit 4:2 gegen England verlor, brachte die französische Mannschaft unglaubliche 1.500 Liter Rotwein mit sich. Sie hatten Angst, in England keinen vernünftigen Wein zu bekommen.

Florian Fromlowitz:

„Ich hätte vor Wut gern überall reingebissen, am liebsten in den Schiedsrichter.“

79. Weil Brasilien bei der WM 1970 das dritte Mal gewann, durften sie den alten Pokal behalten. Der neue, den wir auch heute noch kennen, ist knapp 40 cm groß, wiegt knapp über sechs

Kilogramm (soviel wie sechs Milchkartons) und ist stolze 120.000 Euro wert.

80. Wahrscheinlich kennst du aus deiner Liga Spiele, in denen viele Tore fallen. Bei der WM 1974 war das anders. Nur zweieinhalb Treffer fielen pro Spiel im Durchschnitt – ein Negativrekord.

81. 1986 konnte man bei der WM in Mexiko erstmals eine La-Ola-Welle im Stadion beobachten. Die stimmungsvolle Spontanchoreographie heißt auf Englisch übrigens passenderweise *Mexican Wave.*

Manfred Krafft:

„Meine Mannschaft ist 15- oder 16-mal ins Abseits gerannt. Das haben wir auch die ganze Woche geübt."

82. Stefan Effenberg machte bei der WM 1994 von sich reden, allerdings nicht im positiven Sinne: Er zeigte im Spiel gegen Südkorea den Stinkefinger und wurde vorzeitig nach Hause geschickt.

83. Außerdem wurde Roger Milla mit 42 Jahren der älteste WM-Torschütze.

84. Bei der WM 2006 kam es im Viertelfinale zwischen Deutschland und Argentinien zu einem Elfmeterschießen, bei dem der deutsche Keeper Jens Lehmann auf einen Zettel zurückgriff, um zu schauen, wohin der jeweilige Schütze zielen würde. Mit Erfolg: Lehmann hielt zwei Schüsse und brachte Deutschland ins Halbfinale. Der berühmte Zettel ist heute im Haus der Geschichte in Bonn zu bewundern.

Marcel Reif:

„Je länger das Spiel dauert, desto weniger Zeit bleibt."

85. 2010 schied der WM-Außenseiter Neuseeland aus, ohne ein Spiel verloren zu haben.

86. Legendäre Spiele: WM-Halbfinale 2014: Deutschland – Brasilien 7:1

Vielleicht war es die erste WM, die du selbst verfolgt hast, vielleicht haben dir deine Eltern oder älteren Geschwister von diesem Spiel erzählt, du wirst es jedenfalls kennen: Den unfassbaren Halbfinalsieg der deutschen Elf gegen die Heimmannschaft aus Brasilien.

Beide Mannschaften überstanden ihre jeweilige Gruppe relativ problemfrei, Brasilien mit Siegen gegen Kroatien und Kamerun und einem

Unentschieden gegen Mexiko, das deutsche Team mit gewonnenen Spielen gegen Portugal und die USA und einem hochklassigen Unentschieden, bei dem man sich 2:2 von Ghana trennte.
Im Achtelfinale stand für beide Mannschaften ein vorher nicht zu erwartender Härtetest an, da sich die jeweiligen Gegner als ausgesprochen zäh und widerspenstig erwiesen. Deutschland setzte sich nach Verlängerung knapp gegen stark aufspielende Algerier durch, während Brasilien erst im Elfmeterschießen gegen Chile siegreich war. Im Viertelfinale spielte die Seleção dann gegen eine weitere Überraschungsmannschaft des Turniers, Kolumbien, die mit ihrem jungen Star James Rodríguez und arrivierten Spielern wie Juan Cuadrado für Furore gesorgt hatten. Man besiegte die Kolumbianer mit 2:1. Deutschland dagegen traf auf eine stark besetzte französische Mannschaft und setzte sich dank eines Kopfballtreffers von Mats Hummels knapp mit 1:0 durch.

Das Halbfinale war, gerade von brasilianischer Seite, emotional aufgeladen. Bei der bisher einzigen Heim-WM hatte Brasilien 1950 den bereits sicher geglaubten Titel gegen Uruguay noch verspielt. Entsprechend groß waren die Erwartungen an die Elf von Trainer Scolari, der trotz des Ausfalls von Neymar zuversichtlich war.

Nach dem Anpfiff begannen die Brasilianer selbstbewusst und druckvoll. Durch aggressives Pressing wurde die deutsche Hintermannschaft in Bedrängnis gebracht und Marcelo hatte nach zwei Minuten eine erste Torchance. Doch nach und nach befreiten sich die Deutschen aus dem brasilianischen Powerplay und gingen in der 11. Minute in Führung, nachdem Thomas Müller einen von Kroos

hereingezirkelten Eckball freistehend per Volley ins Tor beförderte. Zum ersten Mal zeigten sich hier die Schwächen der Brasilianer, die die deutsche Mannschaft im weiteren Verlauf gnadenlos offenlegen sollte. Danach setzten die Brasilianer ihre Angriffsbemühungen fort, doch ihre Brechstangentaktik mündete zu oft in überhasteten Abschlüssen und Fehlpässen. Nur zwölf Minuten später passte Kroos in den Strafraum auf Müller, der den Ball kongenial auf Klose weitergab. Dieser scheiterte zunächst am brasilianischen Schlussmann, konnte aber den Nachschuss im Kasten unterbringen und sich damit zum alleinigen WM-Rekordtorschützen krönen. Damit begann die stärkste Phase der deutschen Elf, die sich in einen Rausch spielte. Kroos legte in der 24. und 26. Minute mit einem Doppelpack innerhalb von 70 Sekunden nach, bevor in der 29. Minute auch noch Khedira den Ball unbedrängt einschob. Der 5:0-Halbzeitstand war besiegelt und die Brasilianer bereits jetzt am Boden zerstört, einige verließen schon

das Stadion. In der zweiten Halbzeit stach auch noch Joker André Schürrle, der einen Doppelpack schnürte. Durch Oscar gelang in der 90. Minute dann der 1:7-Ehrentreffer, das war zu diesem Zeitpunkt allerdings bereits völlig belanglos. Die Schmach hat sogar ihren Eingang in die Alltagssprache der Brasilianer gefunden, das Endergebnis ist zum Beispiel eine Metapher für eine große Niederlage geworden.
Deutschland gewann auch noch das Finale gegen Argentinien und wurde Weltmeister, während Brasilien am Boden zerstört war und der Niederlande im Spiel um Platz drei nichts mehr entgegenzusetzen hatte. Ein weiteres Spiel für die Geschichtsbücher hatte sich zugetragen, und das im Halbfinale einer Weltmeisterschaft!

87. Kopfbälle können das Gehirn schädigen. Zu diesem Ergebnis kamen einige amerikanische Studien, in denen festgestellt wurde, dass Fußballspieler dreimal häufiger an Demenz erkranken als die Normalbevölkerung. Glücklicherweise wird auf das Ergebnis mit Gegenmaßnahmen reagiert: So plant die UEFA ein Protokoll für den Fall von Gehirnerschütterung, und im Training wird die Kopfbelastung minimiert.

88. Während der WM 2014 ließen sich 1,4 Millionen Arbeitnehmer kurzzeitig ohne medizinische Gründe krankmelden. Grund dafür waren vermutlich die späten Anstoßzeiten vieler Spiele. Schade, dass das bei Schülern etwas schwieriger ist...

89. Kannst du dir vorstellen, wie es wäre, mit Bäumen auf dem Spielfeld zu kicken? Vermutlich nicht. Doch bis 1896 war in den deutschen Fußballregeln diesbezüglich nichts festgelegt. Erst mit einer Regeländerung in jenem Jahr wurde bestimmt, dass das Spielfeld baumlos zu sein hat.

Otto Rehhagel:

„Wer Erster ist, hat immer recht. Ich habe also recht. Und wenn ich Fünfter bin, können Sie wieder mit mir reden."

90. Deutschlands Rekordnationalspieler ist Lothar Matthäus mit stolzen 150 Matches. Doch weltweit liegt er mit dieser beeindruckenden Zahl nicht an der Spitze. Es führt der Malaie Soh Chin Ann mit 195 Spielen. Allerdings ist ihm ein noch aktiver Spieler dicht auf den Fersen. Cristiano Ronaldo hat bereits 189 Begegnungen absolviert und führt in der Rekordtorschützenliste mit 117 Treffern.

91. In deinem Verein habt ihr vermutlich feste Trainingszeiten, die auch während der Saison beibehalten werden. Im Profifußball wird in der

Saisonvorbereitung am intensivsten und längsten trainiert, da während der Spielzeit die Belastung durch die große Menge an Spielen kein allzu langes Training zulässt. Das heißt beim FC Bayern München, dass während der Saison fünfmal in der Woche trainiert wird, jeweils 60 bis 90 Minuten lang. In der Vorbereitung allerdings können es durchaus auch sechs Stunden pro Tag sein.

92. Der ehemalige französische Star Zinedine Zidane hat einen beeindruckenden Erfolg vorzuweisen: Während seiner gesamten Karriere wurde er nie wegen Abseits zurückgepfiffen.

93. Ein anderer ehemaliger französischer Nationalspieler namens Rio Mavuba wurde auf dem offenen Meer zur Welt gebracht. Da diese Gewässer zu keinem Land gehören, ist in seiner Geburtsurkunde als Geburtsort „Auf hoher See“ vermerkt.

94. Der berühmte Außenbahnspieler Garrincha aus Brasilien hatte große gesundheitliche Probleme, die ihn jedoch nicht daran hinderten, sehr erfolgreich zu werden. Sein linkes Bein war sechs Zentimeter kürzer als sein rechtes und seine Wirbelsäule war deformiert. Ihm gelang es allerdings, diese vermeintlichen Schwächen in Stärken umzumünzen, da er eine Dribbling-Technik entwickelte, die für seine Gegenspieler schwer vorherzusehen war.

95. Ein weiterer brasilianischer Spieler, der Verteidiger Pineiro, hält den Rekord für die meisten Eigentore. Es gab Saisons, in denen er bis zu zehnmal in den eigenen Kasten traf.

96. Auch wenn dir vielleicht einmal ein Eigentor unterlaufen ist, wirst du wahrscheinlich nie durch ein derartiges Wechselbad der Gefühle gehen, wie das Chris Nicholl von Aston Villa 1976 passierte. In einem Spiel seiner Mannschaft gegen Leicester City schoss Nicholl alle vier Tore. Das Spiel endete 2:2.

Thomas Brdaric:

„Ich bin keiner, der beim ersten Tsunami gleich wegrennt.“

97. Stell dir vor, du würdest mit deinem Vater zusammen in einer Mannschaft spielen. Klingt unglaublich, ist aber passiert. Beim Länderspiel zwischen Island und Estland wurde der Sohn für den Vater eingewechselt. Arnor, damals 35, und

Eidur Gudjohnsen, der 17 Jahre alt war, standen aber für Island nie gemeinsam auf dem Platz.

98. In Island waren die Trainingsbedingungen aufgrund der Kälte und des nassen Klimas lange Zeit alles andere als gut. Doch nach 2000 begann man, riesige Hallen zu errichten, in denen Fußballer geschützt vor den unberechenbaren Wetterbedingungen das ganze Jahr lang trainieren können. Diese verbesserten Bedingungen schlagen sich auch in den Ergebnissen der isländischen U-Nationalmannschaften nieder.

99. Dem sowjetischen Weltklasse-Keeper Lev Jaschin ist etwas gelungen, das sonst kein Torwart geschafft hat. Er gewann 1963 den Goldenen Ball als Preis für den besten Spieler der Welt.

100. Das erste Tor der Bundesligageschichte schoss 1963 der Dortmunder Friedhelm „Timo" Konietzka im Spiel gegen Werder Bremen. Allerdings gibt es von diesem Tor weder Film- noch

Fotoaufnahmen. Alle Fotografen hatten sich nämlich hinter dem Dortmunder Tor versammelt, weil die Bremer als Favoriten in die Partie gingen und man im Dortmunder Strafraum mehr gefährliche Szenen erwartete. Als Konietzka zwei Jahre später gegen Bayern München erneut das Kunststück gelang, den Premierentreffer einer Spielzeit in der ersten Minute zu schießen, waren die Fotografen zugegen.

101. In einem anderen Auftaktspiel spielte sich ebenfalls eine legendäre Szene ab. Im Heimspiel der Werderaner gegen den FC Bayern wirft kurz vor der Halbzeit der Bremer Spieler Uwe Reinders einen enorm weiten Einwurf in Richtung des Bayern-Keepers Jean-Marie Pfaff. Der hatte offensichtlich nie etwas von Reinders' Einwurfkünsten gehört, denn er war komplett überrascht und touchierte den Ball nur noch mit den Fingerspitzen, ehe er in die Maschen flog. Hätte niemand den Ball berührt, wäre das Tor nicht gültig gewesen, so aber produzierte der belgische Torwart in seinem allerersten Bundesligaspiel eines der kuriosesten Tore der Ligageschichte.

102. Legendäre Spiele: Bundesliga-Abstiegskampf 1999

Wahrscheinlich hast du schon viele enge Spiele erlebt, vielleicht war deine Mannschaft oder dein Lieblingsteam auch mal in einen Ab- oder Aufstiegskrimi verwickelt, aber was am Ende der Saison 1999 passierte, übertrifft wirklich alles.

Vor dem 34. Spieltag war die Situation so eng wie noch nie. Mit Borussia Mönchengladbach und dem VfL Bochum standen bereits zwei Absteiger fest. Frankfurt, Rostock, Freiburg uns Stuttgart kämpften noch um den Klassenerhalt, den der 1.FC Nürnberg sicher zu haben schien. Auf den 16., Frankfurt, hatte

Nürnberg drei Punkte Vorsprung sowie eine um fünf Tore bessere Tordifferenz. Stuttgart rettet sich schnell mit einem Tor gegen Werder Bremen und festigt den Klassenerhalt. Freiburg führt im Kellerduell mit Nürnberg zur Pause mit 2:0, während Hansa Rostock gegen bereits abgestiegene Bochumer ebenfalls führt. Damit sind alle Mannschaften an Nürnberg vorbeigezogen, der Club steht auf Platz Sechzehn, hat aber immer noch zwei Punkte und drei Tore Vorsprung auf Eintracht Frankfurt, die gegen den amtierenden Meister aus Kaiserslautern nicht über ein 0:0 hinausgekommen sind. Bis etwa 20 Minuten vor Abpfiff ändert sich an der Ausgangslage wenig, in Frankfurt haben beide Mannschaften je ein Tor erzielt, doch dann überschlagen sich die Ereignisse. In Bochum schießen Peter Peschel und Stefan Kuntz zwei Tore für die Heimmannschaft, sodass um 16:58 Uhr Hansa Rostock abgestiegen ist. Denn inzwischen liegt Frankfurt mit 2:1 in Führung und kommt damit, genau wie die Nürnberger, auf 37

Punkte. Rostock allerdings gibt nicht auf und kommt durch Victor Agali in der 77. Spielminute zum Ausgleich. Nur drei Minuten später erhöht Marco Gebhardt in Frankfurt auf 3.1. Die sicher geglaubte Lage für die Clubberer aus Nürnberg spitzt sich also zu, denn Frankfurts Tordifferenz ist nur noch ein Tor schlechter und Rostock nur einen Punkt zurück. Als in der 82. Minute Bernd Schneider für die Frankfurter auf 4:1 erhöht und für Rostock Slawomir Majak die Führung gegen Bochum erzielt, hat Frankfurt zu Nürnberg aufgeschlossen und bleibt, Stand 17:08 Uhr, bei gleicher Tordifferenz aufgrund der mehr geschossenen Tore in der Liga. Doch das Frankfurter Stadion wird schnell wieder still, als Marek Nikl für Nürnberg den Anschlusstreffer gegen Freiburg erzielt. Jetzt fehlt ein Tor zum Klassenerhalt, doch das Abstiegsdrama wartet mit einer Schlusspointe auf: Während Nürnbergs Frank Baumann nach einem Pfostenschuss von Nikl völlig freistehend vergibt, trifft in Frankfurt der eingewechselte Norweger Jan-Age Fjörtoft nach grandioser Vorarbeit von Christoph Westerthaler zum 5:1-Endstand. Da Rostock den Sieg gegen Bochum über die Zeit bringt und die Nürnberger Angriffsbemühungen keine Früchte mehr tragen, ist der bayerische Traditionsclub am Ende dieses denkwürdigen Spieltags tatsächlich abgestiegen.

103. Uneinholbarer Rekordtrainer der Bundesliga ist Otto Rehhagel, der bei 837 Partien am Spielfeldrand stand. Auf Platz zwei folgt, mit großem Abstand, Jupp Heynckes, der 668 Spiele zu verzeichnen hat.

104. Es werden dreizehn Liter weiße Farbe benötigt, um die Spielfeldlinien auf den Rasen zu zaubern.

105. Vielleicht hast du beim Fußballspielen auch schon mal miterlebt, dass sich jemand ernsthaft verletzt hat, oder weißt sogar aus eigener Erfahrung, wie lange es dauert, Knochenbrüche oder Bänderrisse auszukurieren. Bei Profis geht das ganze teilweise doppelt so schnell wie bei dir oder anderen Hobbysportlern. Woran liegt das? Es gibt mehrere Gründe. Zum einen ist bei Profis die direkte Versorgung der Verletzung meist besser. Sofort wird gekühlt und noch im Stadion eine erste Diagnose abgegeben, wonach der Spieler gegebenenfalls direkt ins Krankenhaus gebracht werden kann. Auch eine eventuell nötige OP erfolgt viel schneller als bei Normalpatienten.

106. 1958 spielte Pelé seine erste WM-Endrunde für die brasilianische Nationalmannschaft. Beim Titelgewinn der Seleção stellte der 17-Jährige gleich drei Rekorde auf: Er wurde der jüngste WM-Torschütze, der jüngste Spieler, der einen Hattrick erzielte und der jüngste Schütze eines Hattricks in einem WM-Endspiel.

107. Das kleine Land Uruguay ist am bekanntesten für seine Fußballer. Folgerichtig sind die einzigen beiden olympischen Goldmedaillen, die das

Land erringen konnte, zwei Endspielsiegen im Fußball 1924 und 1928 zu verdanken.

108. Es gab einige Vorgänger des modernen Fußballs. Einer der ältesten von diesen stammt aus China, wo vor über 2.000 Jahren *Tsu Chu* gespielt wurde, was übersetzt „Tretball" bedeutet.

109. Vielleicht hast du es bereits im Fernsehen gesehen oder sogar selbst miterlebt: Bei internationalen Spielen sind Stehplätze untersagt. In vielen deutschen und internationalen Stadien lassen sich darum die Stehplatzbereiche innerhalb kurzer Zeit in Sitzplatztribünen verwandeln.

110. Wenn du bei den internationalen Turnieren die Auflaufkinder siehst, wünschst du dir dann manchmal, das auch zu erleben? Tatsächlich ist es über einige Sponsoren der FIFA möglich, mit etwas Glück die ganz großen Stars auf den Rasen zu führen. Dafür solltest du zwischen sechs und vierzehn Jahre alt und maximal 1,48 m groß sein.

111. 1934 nahmen unsere Nachbarn aus der Schweiz erstmals an einer WM teil. Ihr Stürmer Leopold Kielholz, genannt Poldi, machte nicht nur durch seine gute Trefferquote von sich reden. In allen Spielen lief er mit einer dicken Hornbrille auf.

112. Der Franzose Just Fontaine schoss bei der WM 1958 unglaubliche 13 Tore und sicherte sich damit den Titel des Torschützenkönigs. Noch beeindruckender wirkt diese Leistung im Vergleich mit dem Rekordtorschützen bei Weltmeisterschaften, Miroslav Klose, der für seine 16 Treffer vier Endrunden benötigte.

113. Die brasilianische Legende Mário Zagallo schaffte es als erstes, die WM sowohl als Spieler als auch als Trainer zu gewinnen. 1958 und 1962 stand er noch selbst auf dem Feld, 1970 coachte er von der Seitenlinie. 20 Jahre später tat ihm Franz Beckenbauer diese beeindruckende Leistung nach, als er seinem WM-Triumph als Spieler 1974 den als Trainer der deutschen Nationalmannschaft 1990 folgen ließ.

114. Man kann es mit dem Torjubel auch übertreiben. Paolo Diogo feierte einen Treffer in einem Auswärtsspiel 2004, indem er an den Zaun sprang, der die Zuschauer vom Innenraum trennt. Als er wieder heruntersprang, erhielt er nicht nur die Gelbe Karte für zu ausgiebiges Feiern, sondern verlor auch noch Teile eines Fingers, da sich sein Ehering verhakt hatte.

115. In der Liga von Tahiti geht bei einem Spiel niemand punktlos vom Platz. Für Siege gibt es vier, für Unentschieden zwei und für Niederlagen einen Punkt. Der Verbandspräsident begründete dies einst damit, dass niemand traurig nach Hause gehen sollte.

116. Legendäre Spiele: WM-Viertelfinale 1954: Österreich – Schweiz 7:5

Der Sieg der Österreicher in dem als „Hitzeschlacht von Lausanne“ bekannt gewordenen Spiel war die torreichste Partie, die je bei einer WM-Endrunde ausgetragen wurde.

Österreich wurde per Losentscheid Gruppensieger vor den punktgleichen Uruguayern, nachdem man beide Vorrundenspiele gewonnen hatte. Der Gastgeber Schweiz tat sich in seiner Gruppe etwas schwerer und verlor gegen das Mutterland des Fußballs, England. Dank des Sieges gegen den Nachbarn aus Italien sowie dem Erfolg gegen ebenjene Italiener im Entscheidungsspiel um Platz zwei zog die Nati dann allerdings doch in die nächste Runde ein. Das Spiel gegen die andere Alpennation fand am 26. Juni in Lausanne statt. Die brütende Hitze von etwa 40 °C im Schatten machte beiden Teams stark zu schaffen. Der österreichische Schlussmann Kurt Schmied erlitt binnen Minuten nach dem Anpfiff einen Sonnenstich, musste aber, da Auswechslungen nicht erlaubt waren, bis zum Spielende durchhalten. Der Masseur der leicht favorisierten Österreicher versuchte über die gesamte Spielzeit sein Bestes, um den Keeper kühl zu halten und gleichzeitig mit Anweisungen dafür zu sorgen, dass der orientierungslos herumirrende Torwart sich bei Schweizer Schüssen in die richtige Ecke warf. Doch die Nati wusste die verzerrten Wettbewerbsbedingungen auszunutzen und ging durch ein Tor von Ballaman sowie einem Doppelpack von Hügi mit 3:0 in Führung. Die Heimfans jubelten bereits siegessicher, doch Österreichs Sturmlauf sollte noch kommen. Zwischen der 25. und der 34. Spielminute ging die Mannschaft von Trainer Walter Nausch durch fünf aufeinanderfolgende Treffer in Führung. Die am Boden zerstörten Schweizer witterten noch einmal Morgenluft, als Robert

Ballaman in der 41. Minute den Anschlusstreffer erzielte. Mit dem unglaublichen Pausenstand von 5:4 ging es in die zweite Hälfte, in der die Österreicher die fatale Schwäche, die durch den Ausfall ihres Keepers entstanden war, durch dominantes und angriffslustiges Spielverhalten ausglichen. Theodor Wagner erhöhte in der 52. Minute die Führung der Österreicher auf 6:4, ehe den Schweizern sechs Minuten später der erneute Anschlusstreffer gelang. Bei diesem engen Spielstand vergab Österreich sogar einen Elfmeter, der jedoch nicht mehr so stark ins Gewicht fiel. Eine Viertelstunde vor Schluss besiegelte Probst mit seinem Treffer zum 7:5 das Endergebnis.

Für die Österreicher bedeutete der Sieg eines der größten Erfolge ihrer Fußballgeschichte, doch im Turnier selbst nützte er ihnen wenig. Wie du im Bericht zum Spiel Deutschland – Ungarn gelesen hast, waren die österreichischen Spieler nach ihrem Kraftakt im Halbfinale völlig erschöpft und verloren klar gegen die deutsche

Elf, konnten sich allerdings wenigstens Platz drei sichern, indem sie ihren Vorrundengegner Uruguay mit 3:1 besiegten. Für die Schweiz war zwar das Abschneiden ihrer Elf 1954 einer der letzten großen Erfolge, gleichzeitig gilt das legendäre Spiel aber auch als empfindliche Niederlage, da es nicht gelungen war, eine 3:0-Führung vor heimischem Publikum in einen Sieg umzumünzen.

Fredi Bobic:

„Man darf jetzt nicht alles so schlechtreden, wie es war.“

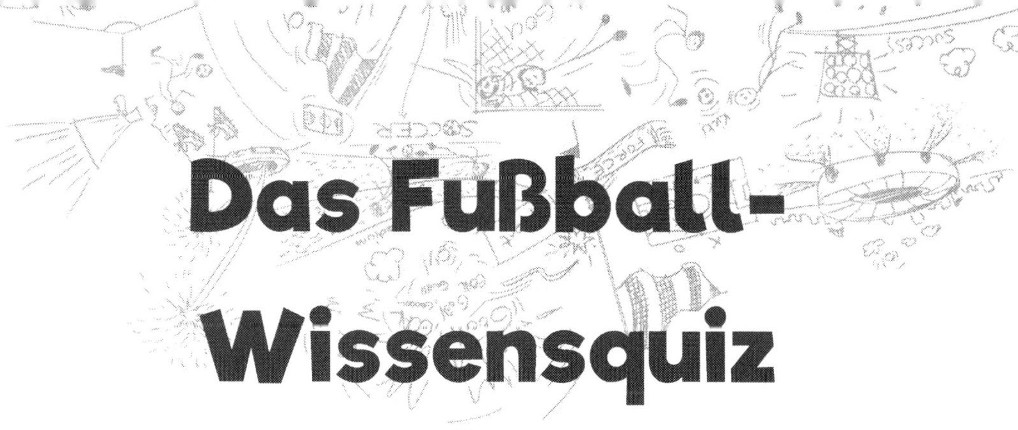

Das Fußball-Wissensquiz

Teste dein Fußballwissen! So einfach geht's: Ich stelle dir einige knifflige und interessante Fragen, zu denen es jeweils vier Antwortmöglichkeiten gibt. Suche dir eine aus und merk dir deine Antworten, am besten markiere sie oder schreib sie dir auf. Denn am Ende erfährst du in der Auswertung, ob du richtig geantwortet hast und dementsprechend ein Fußballneuling oder ein Fußballverrückter bist. Viel Erfolg!

1. Welches der folgenden Länder war nie Ausrichter einer WM-Endrunde?

a) Schweden
b) Spanien
c) Frankreich
d) Niederlande

2. Welchem Land gelang es am häufigsten, die WM zu gewinnen?

a) Italien
b) Deutschland
c) Brasilien
d) Uruguay

3. Das schnellste Tor der WM-Geschichte fiel bei der Endrunde 2002 gegen den Gastgeber Südkorea. Wer erzielte es?

a) Ronaldo
b) Hakan Şükür
c) Miroslav Klose
d) Alessandro del Pieri

4. Gerd Müller war der Rekordtorschütze der deutschen Nationalmannschaft – bis 2014. Da wurde er von welchem Spieler abgelöst?

a) Thomas Müller
b) Miroslav Klose
c) Michael Ballack
d) Lukas Podolski

5. Der ehemalige deutsche Nationaltrainer Jogi Löw heißt mit vollem Vornamen anders. Wie?

a) Johannes
b) Jonas
c) Jonathan
d) Joachim

6. Ein unglaubliches Kunststück gelang einem der folgenden Klubs, der in der Saison nach seinem Aufstieg direkt Meister in der Bundesliga wurde. Um welchen Verein handelt es sich?

a) 1.FC Nürnberg
b) SV Werder Bremen
c) Borussia Dortmund
d) 1. FC Kaiserslautern

7. In Deutschland gibt es zahlreiche Derbys, zum Beispiel zwischen Schalke und Dortmund oder Mönchengladbach und Köln. In anderen Ländern gibt es ebenfalls solch traditionsreiche Aufeinandertreffen. Welches der folgenden Spiele nennt sich in Spanien „El Clásico"

a) FC Barcelona gegen Real Madrid

b) Athletic Bilbao gegen FC Sevilla

c) FC Getafe gegen FC Malaga

d) Real Madrid gegen Atlético Madrid

8. Welcher Verein stellte mit 8 Punkten und einem Torverhältnis von 15:108 Treffern einen ewigen Bundesliga-Negativrekord auf?

a) SpVgg Greuther Fürth

b) FC Schalke 04

c) Tasmania Berlin

d) Hertha BSC Berlin

9. „Die Knappen“ ist der Spitzname welches Bundesligateams?

a) Borussia Dortmund
b) FC Schalke 04
c) Bayer Leverkusen
d) VfL Bochum

10. Gegen welche Teams schied Deutschland bereits in der Vorrunde der WM 2018 aus, wodurch die angestrebte Titelverteidigung vollkommen misslungen war?

a) Island, Spanien, Mexiko
b) Mexiko, Südkorea, Schweden
c) Frankreich, Peru, Dänemark
d) England, Tunesien, Costa Rica

11. Bei der Europameisterschaft 2021 gelang es welchem Team sensationell, das Halbfinale zu erreichen? Kleiner Tipp: die Mannschaft hatte das Turnier bereits einmal gewinnen können.

a) Schweden
b) Schweiz
c) Dänemark
d) Tschechien

12. Legendäre Stehtribünen wie „The Kop" in Liverpool sind in Europa keine Seltenheit. In welchem deutschen Stadion lässt sich „Die gelbe Wand" finden?

a) Signal Iduna Park, Dortmund
b) Tivoli, Aachen
c) Allianz Arena, München
d) wohninvest Weserstadion, Bremen

13. Wie oft gewann der VfL Wolfsburg die deutsche Meisterschaft?

a) Einmal, 2009

b) Keinmal

c) Zweimal, 2009 und 2014

d) Viermal, 1992, 2001, 2009 und 2014

14. Wie schnell wurde der Ball beim härtesten Schuss der Welt in die Maschen gedroschen?

a) Mit etwas mehr als 170 km/h

b) Mit etwas mehr als 200 km/h

c) Mit etwas mehr als 190 km/h

d) Mit etwas mehr als 210 km/h

15. Welcher legendäre Trainer formulierte die Weisheiten „Der Ball ist rund“ und „Das Spiel dauert 90 Minuten“?

a) Hennes Weisweiler
b) Giovanni Trapattoni
c) Sepp Herberger
d) Udo Lattek

16. Was ist ein Kantersieg?

a) Ein Sieg, der unter sehr großer Kraftanstrengung errungen wurde.
b) Ein Sieg, bei dem die siegreiche Mannschaft in Unterzahl geriet.
c) Ein müheloser und hoher Sieg.
d) Ein Sieg, bei dem das entscheidende Tor erst in der Nachspielzeit erzielt wurde.

17. Welcher Verein, den es auch heute noch gibt, wurde bereits einmal deutscher Meister, wird diesen Triumph aber voraussichtlich nie wiederholen können?

a) Legia Warschau
b) Rapid Wien
c) 1.FC Nürnberg
d) Hansa Rostock

18. Der argentinische Spieler Martin Palermo lief 2001 zum Torjubel zum Fanblock, als etwas Blödes passierte. Was war das?

a) Eine Betonmauer gab nach, sodass sich Palermo Knochen brach.
b) Eine auf ihn geworfene Flasche traf den Schiedsrichter, sodass das Spiel abgebrochen werden musste.
c) Eines der beiden Tore brach zusammen und begrub den Torwart im Netz.
d) Als er am Zaun hochkletterte, rutschte ihm die Hose runter.

19. Vor dem aktuellen Weltmeisterschaftspokal, der 1974 eingeführt wurde, gab es bereits ein anderes Modell. Wie hieß dieses?

a) Weltmeisterschafts-pokal

b) Coupe Jules Rimet

c) Copa del mondo

d) WM-Siegerpokal

20. Die erste Weltmeisterschaft fand 1930 in Uruguay statt. Insgesamt traten nur dreizehn Mannschaften an. Welches Team konnte seine Bemühungen mit dem Titel krönen?

a) Italien

b) Deutschland

c) Brasilien

d) Uruguay

21. Bei welcher Weltmeisterschaft erzielte Diego Maradona im Viertelfinale gegen England sein berühmtes Tor mit der „Hand Gottes"? Im selben Spiel schoss er auch ein Tor, das zum WM-Tor des Jahrhunderts gewählt wurde.

a) Deutschland 1974
b) Spanien 1982
c) Mexiko 1986
d) Japan und Südkorea 2002

22. Welchem Land gelang das einmalige Kunststück, in drei WM-Finals zu stehen und alle zu verlieren (kleiner Tipp: zwei der Finals waren 1974 und 2010)?

a) Niederlande
b) Mexiko
c) Chile
d) Schweiz

23. Welcher ehemalige deutsche Nationalkeeper versucht sich seit seinem Karriereende als professioneller Wrestler in der WWE?

a) Hans-Jörg Butt
b) Jens Lehmann
c) René Adler
d) Tim Wiese

24. Cristiano Ronaldo ist einer der besten Fußballer der Welt. Der Portugiese stammt von einer mitten im Atlantik gelegenen Insel. Wie heißt sie?

a) Madeira
b) Mallorca
c) Färöer
d) Gran Canaria

25. In welchem Jahr führte Cristiano Ronaldo seine Nationalmannschaft zum bis dato einzigen portugiesischen EM-Titel? Die betreffende Endrunde wurde in Frankreich ausgetragen.

a) 2008
b) 2016
c) 2021
d) 2012

26. Lionel Messi gewann den Ballon d'Or (die Auszeichnung als Weltfußballer) am häufigsten von allen Spielern. Wie oft gelang ihm dies?

a) 3-mal
b) 4-mal
c) 7-mal
d) 11-mal

27. In welchem Jahr fand die erste Europameisterschaft statt?

a) 1960
b) 1972
c) 1980
d) 1948

28. Der unangefochtene Rekordmeister der Bundesliga ist der FC Bayern München. Welche beiden Vereine folgen ihm mit großem Abstand und je fünf gewonnenen Titeln

a) Borussia Dortmund und Borussia Mönchengladbach

b) 1.FC Köln und FC Schalke 04

c) MSV Duisburg und Rot-Weiß Oberhausen

d) Borussia Dortmund und Bayer Leverkusen

29. Der aktuell beim FC Liverpool höchst erfolgreiche deutsche Coach Jürgen Klopp trainierte in Deutschland vor dem BVB, mit dem er das Double gewann, insgesamt zwei Meisterschaften holte und im Champions-League Finale 2013 stand, noch eine andere Mannschaft. Welche?

a) 1.FSV Mainz 05

b) FC Schalke 04

c) Borussia Mönchengladbach

d) FC Augsburg

30. Auf dem Weg ins Champions-League Finale 2013 räumte der BVB in einem sensationellen Spiel welche Mannschaft aus dem Weg, die wie eine Eissorte heißt?

a) FC Vanilla

b) Sporting Stracciatella

c) Fragola S.P.

d) FC Malaga

31. Der jüngste Trainer, der je in der Bundesliga am Seitenrand stand, hätte vom Alter her auch noch Spieler sein können: 28 Jahre und 205 Tage war er bei seinem Debüt alt. Um wen handelt es sich?

a) Hans-Dieter „Hansi" Flick

b) Marco Rose

c) Julian Nagelsmann

d) Adi Hütter

32. Welches Tier findet sich im Logo des 1.FC Köln?

a) Adler
b) Geißbock
c) Gans
d) Ente

33. Welcher italienischer Spitzenklub steckt beim Videospiel FIFA hinter dem Namen Piemonte Calcio?

a) Inter Mailand
b) AC Mailand
c) Atalanta Bergamo
d) Juventus Turin

34. Welcher Verein trägt den Beinamen „Die Galaktischen"?

a) FC Barcelona
b) FC Liverpool
c) Real Madrid
d) Borussia Dortmund

35. Ein normales Fußballtor muss bestimmte Maße einhalten. Da sie aus den englischen Maßeinheiten umgerechnet wurden, ergeben sich seltsame Zahlen. Die Höhe eines Tores muss 2,44 m betragen, doch wie breit soll ein Tor sein, das im regulären Ligabetrieb eingesetzt wird?

a) 7,32 m
b) 4,18 m
c) 8,75 m
d) 6,91 m

36. Welches Land gilt als das Mutterland des Fußballs?

a) Deutschland
b) England
c) Italien
d) Spanien

37. Wie nennt man einen unsicheren Torwart?

a) Wespenkraller
b) Bienengreifer
c) Mückenfasser
d) Fliegenfänger

38. Welcher Spieler schoss für Brasilien 77 Tore und gilt als einer der größten Fußballer aller Zeiten?

a) Garrincha
b) Romario
c) Ronaldo
d) Pelé

39. Futsal ist eine Abwandlung des Fußballs, die welche besondere Eigenschaft aufweist?

a) Wird in der Halle gespielt

b) Wird mit Bällen gespielt, die viel größer sind als normale Fußbälle

c) Bei Futsal handelt es sich um eine Abwandlung des Fußballs, bei der auf einem Tennisplatz gespielt wird.

d) Wird ausschließlich auf Sand gespielt

40. In welcher Stadt steht das Weserstadion?

a) Bremen
b) Hamburg
c) Lübeck
d) Rostock

41. Welches ist das größte Fußballstadion in Europa?

a) Das Olympiastadion in Berlin
b) Der Signal Iduna Park in Dortmund
c) Das Wembley Stadium in London
d) Das Camp Nou in Barcelona

42. Der beste Fußballschiedsrichter, der in der deutschen Bundesliga gepfiffen hat, erhält am Ende der Saison eine Auszeichnung. Welche?

a) Goldener Ball
b) Silberne Pfeife
c) Goldene Pfeife
d) Goldene Karte

43. Wer musste bei der WM 1994 frühzeitig nach Hause gehen, nachdem er einen Stinkefinger gezeigt hatte?

a) Andreas Breme
b) Stefan Effenberg
c) Oliver Kahn
d) Rudi Völler

44. Welcher Verein galt lange Zeit als der „Dino" der Bundesliga, bis auch er erstmals abstieg?

a) SV Werder Bremen
b) Hamburger SV
c) 1.FC Köln
d) VfB Stuttgart

45. Welcher Spieler ist mit unglaublichen 602 Einsätzen Rekordspieler der Bundesliga?

a) Karl-Heinz „Charly" Körbel
b) Manfred Kaltz
c) Gerd Müller
d) Klaus Fichtel

Auflösung

Jetzt kommen die Lösungen! Schreib dir für jede richtige Antwort einen Punkt auf und zähle am Ende zusammen, wie viele du erreicht hast.

1. d) Niederlande
2. c) Brasilien
3. b) Hakan Şükür
4. b) Miroslav Klose
5. d) Löw heißt Joachim mit Vornamen
6. d) 1.FC Kaiserslautern
7. a) FC Barcelona gegen Real Madrid
8. c) Tasmania Berlin
9. b) FC Schalke 04
10. b) Mexiko, Südkorea, Schweden
11. c) Dänemark
12. a) Signal Iduna Park